JN438213

________________님과의 인연을 소중히 생각합니다. 임께로 열려있는 길이 빛으로 가득하여 늘 웃음 짓는 삶이시길 기원합니다.

20　　년　　월　　일

저사 白空 정광일 드림

부엉이의 겨울

부엉이의 겨울

정광일 시집

청옥

이 시집 출간에는 좋은 세상을 찾아간 둘째 딸 세정을 위해 언니 부부, 동생 부부, 그리고 조카를 사랑하는 삼촌들과 숙모, 고모와 고모부의 도움이 있었고, 부산에서 활동하는 고향 동문 동백회 친구들의 협조 아래 출판을 하게 되었습니다.

| 시집을 펴내면서 |

사람의 인연 중에 자식과 부모의 인연처럼 소중한 것은 없을 것이다. 자식을 위해서라면 목숨마저 내놓는 것이 부모인데 무능한 나는 삶을 접어가는 딸의 굳게 잡았던 손을 놓고 눈물로 떠나보내야만 했다.

그 슬픈 사연을 뭐 좋다고 시집으로 엮었느냐고 한다면 딱히 할 말은 없다. 다만, 이 세상엔 가슴이 미어지는 슬픔에도 체면이라는 게 무엇인지 끙끙 속병을 만드는 이들도 많았다. 슬플 땐 차라리 펑펑 울어야 한다는 것도 이번 일을 겪으며 알았기에 이런 시집도 어떤 인연에게는 위로가 되리라 생각하여 간병 중 집과 병원을 오가며 긁적였던 메모들을 모아 시집을 엮었다.

또한, 시간의 흐름에 떠밀려 영영 사라져 버릴지도 모를 딸을 구할 길은 생전에 딸과 함께했던 시간을 묶는 작업이라 생각했다.

청승맞다 하지 말고 몹쓸 병으로 딸을 잃었지만 "이 사람은 이렇게 사랑하는 딸을 살려내는구나."라고 격려의 한마디 남겨줬으면 하는 바람이다.

끝으로 수많은 난관을 헤치며 아내의 간병에 몸 사라지 않았지만 좋은 결실을 맺지 못한 사위 최혁에게 미안하고 그저 고마울 뿐이다. 그리고 바쁜 시간 쪼개가며 시평에 참여해 주신 청옥문학협회 최경식, 이석락, 이용철, 문영길, 시인님들께 감사의 인사를 글로 남긴다.

저자 씀

| 목차 |

1부

2부

3부

4부

5부 해는 다시 떠오르고

1부

세상에 오게 할 줄만 알았지
자신보다 먼저 새끼가 떠난다는데도
붙잡을 길 없는 부엉 애비
깜깜하게 깊어가는 겨울 숲에서
제 눈물로 목을 축이며
부엉부엉, 부엉부엉
부엉 애비 목쉰 소리만 공허의 밤하늘을 떠돈다.

부엉이의 겨울

부엉이 한 마리 나뭇가지에 앉아 있다
툭, 마지막 남은 낙엽이 어깨에 내려앉았다
툭툭, 낙엽을 털어내고
어둠 저편을 노려보는데
툭, 이번에는 별이 어깨에 내려앉았다
사냥감도 없는 숲에 별은 떨어져 어깨를 누르고
허기에 지친 커다란 눈을 더 반짝여 봐도
몰려오는 어둠 속에선 미래가 보이지 않는다

툭, 힘이 되어야할 별이 또 어깨에 내려앉았다
밤새워 떨어져나가는 것들에게 괴롭힘 당하고
부엉부엉, 부엉부엉
막상 자신에게서 무엇이 떨어져 가는지도 모른 채
텅 빈 가지에 앉아 밤새도록 울었다
깊어질 대로 깊어진 겨울 숲에 낙엽은 지고 없는데
부엉이 어깨 위엔 지금도
툭, 투~욱 별이 낙엽처럼 떨어진다

부엉이는 혼돈의 겨울을 맞이하고 있다
뼈만 남은 새끼는 이 겨울이 마지막이라는데
맘껏 먹지도 못하고 토해내는 일과를 지켜보며

오로지 믿을 거라곤 기적의 별뿐인데
별빛의 인도로 먹이를 찾는 것이었는데
매일 매달리던 기적이라는 별빛은
아무 쓸모없는 낙엽처럼 떨어져내려
이제는 그 존재 자체가 무의미하다

장작개비 같은 새끼를 눕혀놓고 하늘을 바라본다
무얼 믿어야 되느냐고!
기적이나 희망 따위는 있는 것이냐고!
세상에 오게 할 줄만 알았지 자신보다 먼저 새끼가
떠난다는데도 붙잡을 길 없는 부엉 애비
깜깜하게 깊어가는 겨울 숲에서
제 눈물로 목을 축이며
부엉부엉, 부엉부엉
부엉 애비 목쉰 소리만 공허의 밤하늘을 떠돈다.

소망

어둠 속에서 보았어!
가슴속을 하염없이 흐르는 까만 강줄기를

흘러가는 곳 알 순 없지만
머~언 강남 땅에 봄소식이 올 때쯤
까만 강줄기 위엔 수양버들개지 떠오고
물빛은 초록으로 환하게 빛나겠지

직접적이진 않지만 그때가 되면
가슴 부추기는
작은 설렘 하나쯤 내게도 안기지 않을까

나는 그렇게 믿어,
지금 암흑 속을 헤맬지라도
신작로 환한 꽃길을 조만간 걸을 것이라고

저것 봐!
어둠이 하양遐壤 몰려오는데도
나무는 아랑곳 않고
하늘 향해 길을 내고 있잖아

끝나지 않은 기도

지하철을 오르는 계단에서 안내방송을 듣는다
잠시 후면 차가 들어온단다
뛰어도 못 탈 줄 빤히 알면서도
끝까지 뛰어가는 사람은 부지런한 사람이거나
조급한 사람일 것이다

바닷가에서 모래성을 쌓아 본다
쌓으면 무너질 줄 빤히 알면서도
끝까지 쌓는 사람
그는 도전자이거나 아집으로 뭉친 사람일 것이다

노력해도 안 될 때
소원해도 안 될 때
넘어서려는 정신은 참 중요하다
미래라는 것은 그로 인해 존재하지 않는가

열차가 들어온다는데 나는 걷는다
뛰어서 탈 수도 없지만
당장 열차를 타고 떠나지 않아도
열차는 오 분 후에 또 오는데
딸을 살려달라는 기도를 끝낼 수는 없었다

결과를 기다리다

바람이 바람을 안고 노을 속을 뒹굽니다
다가올 어둠쯤은 아랑곳하지 않네요

노을 속 어디쯤 뒹굴다 오려 하는지
어둠 속에 빠지지는 말아야 할 텐데 말이죠

생각하고 바라보는 내내
조리는 가슴에선 타는 냄새가 진동을 합니다

기다리는 가슴은 벌써 어둠보다 검게 타버려서
노을의 아름다움을 잊은 지 꽤나 오랩니다

제 앞도 못 보면서

암 진단을 받고 힘들어하는 옆 침대 환자에게
"아줌마, 힘내세요. 저는 암 4기인데도
약이 좋아서 이제 많이 좋아졌어요."

제가 지금 남을 위로할 처지인가
제 처지가 어떤지도 모르고 남을 위로하는 딸
그런 딸을 차마 볼 수가 없어
아비는 화장실에서 울음을 물소리로 대신해야했다

답답할 땐 그래도 우는 것이 최고인가보다
실컷 울고 나니 속이 후련해졌다
놀라고 걱정한다고 주변 사람들에게 그렇게 입단속을 했는데
자신의 입으로 암 4기라는 말에 깜짝 놀라서 어찌 알았냐고 했더니

"입원할 때 의사가 말해줬는데 아빠는 몰랐어요?
나는 그래서 신랑한테 비상금 통장까지 다줬어요!
이럴 줄 알았으면 안 줄 건데 히히"

뭐라고 해야 하나
제 앞도 못 보면서 남을 위로하는 내 딸
병 나아서 집에 갈 꿈에 부풀었는데 …….

늘 혼자인 남자

서울 동숭동 마로니에 공원, 어깨를 스쳐가는 사람들 그들을 사랑했지만 사랑한다는 말은 하지 못했어. 다가가서 사랑한다 말하면 따귀 한 대 때리고 미친~놈, 할까봐 말 한마디 못 건넨 난 늘 혼자였지

아니, 그들이 사랑한다 말 걸어 올 때 책임질 수 없어 아무 일도 없다는 듯 내가 돌아설까봐
도끼를 들고도 나무 한 그루 베지 못하는 못난 나무꾼이 되고 말았지 그래서 난 사랑을 못 해. 늘 외롭다 하면서도 사랑을 찾지 않는 못난이인 채로 목말라 했었지

사랑하고 싶어서, 사랑받고 싶어서, 그렇게 공원길을 걸어 보았지만 돌아오는 길은 늘 혼자였어.
그 넘칠 듯 출렁이는 인파를 뚫고 왔는데도
늘 그랬던 것처럼 내게 남겨진 것들은 허무한 한숨뿐이었지

자꾸만 눈물이 흘러
위로받고 싶은데
"괜찮아, 잘될 거야"라는 말 한마디 듣고 싶은데

봉변

어두워진 하늘 그릇에 바람이 내려앉고
출렁이던 은하수가 쏟아져 내린다

하필,
철퍼덕 철퍼덕
준비 안 된 내 머리가 수난을 당했다

숲이 사라져버린 민둥산엔
벌써 폭포수도 다 말랐는데

숨어있던 은하수가 물길을 열었는가?
샘물이 넘치고 흐름은 쉼이 없다.

가을 하늘

절박한 가슴이 쏘아올린 사연을
하늘은 읽기나 할까 싶었는데
펼쳐든 사연에 기가 막히는지
하늘은 푹푹 한숨만 내쉰다

넓은 하늘 마당 가득
한숨들이 널리는 날이다

그들을 보는 나는
가슴이 설렌다

돕지 못하는 하늘도 속상해 하는 것 같고
무관심한 듯해도 내 사연을 읽었구나 싶고

창밖에 비는 오고

도심과 고궁이 한눈에 바라보이는
창가에 서있습니다

투명한 줄 알았던 빗방울들의 우윳빛 뽀얀 피부가 거리를 덮고
고궁의 숲을 덮어버렸습니다

그 신비로운 모습에 눈멀어
내가 처한 환경에서 잠시 벗어날 수 있었습니다

가지고 있지만 가지지 않은 것처럼
보고 있지만 보이지 않은 것처럼
너로 인해, 나로 인해 가려지고 숨겨진 채로
한 발짝씩 나아가는 그것이 삶이듯

뽀얀 비의 살갗에 내가 숨어들어
간헐적 흐느낌을 흘려보내고 있습니다

간간히 들려오는 딸아이의 기침이
내 눈물에 씻겨가길 빌며

아침엔 창문을 열어야 하네

아침엔 창문을 열어야 하네
세상은 그곳을 통해 들어오고
또 그곳을 통해 나가기 때문이지
나는 오늘도 창을 열었지
아침의 분주함들
한꺼번에 쏟아져 들어와
만만찮은 일과가 기대되더군
세상은 내가 움켜쥐기 쉬운데
손아귀에 들어있는 그것들을
통제하고 길들이기는 끔찍이도 어려워
싫은 것은 어쩔 수 없는가 봐,
간밤 곁에 머물던 악몽의 흔적들까지
탈탈 털어내고야 말지

불암산 산책로에서

오는 자리엔 떠나는 자리 있다했던가
낙엽 사이에 시간이 켜켜이 포개어 눕고
텅 빈 가지는 내 맘처럼 검게 타고 있다

눈물이 고여 있는 자리
헤어짐을 예약해두고 있어서였겠지
휠체어에 너를 태우고도 너는 보이지 않았다

불암산 산책로에서 바라보는 풍경은
불과 몇 달 전에 바라보던 아름다움이 아닌
석양을 좇아오는 답답한 어둠들뿐

이 겨울 잔설 속에 피어있을 매화처럼
차갑게 식어있어도 아름다운 네 모습
차마 놓칠까 싶어 가슴 조인다.

네가 있음에

예측할 수 없는 밤이 두려워도 네가 있으니 좋다
기침 소리에 새벽잠을 뺏겨도 네 있어 아침이 좋다
응급실 향하는 발걸음 분주해도
네가 있으니 새벽길조차 즐겁다

갈기갈기 찢겨나간 영혼이라도
네가 있음에 나는 웃을 수 있고
네가 있음에 나는 내일을 꿈꿀 수 있다

딸로 와줘서 고맙고
고통에서 꺼내주지 못하고 지켜만 보는
무능한 나를 아빠라 불러줘서 고맙다

가쁜 숨결로 힘들어 하면서도
내 곁에 머물러 웃을 수 있음에 고맙다
사랑하는 딸아 이렇게라도 끝까지 살자

별은 깜깜한 어둠 속에서 산다

질식할 것 같은 깜깜한 밤
적막이 싫어 탈출구를 찾다가
밤을 지키는 초병을 우연히 발견한다
그는 반짝이는 빛으로 다가왔다

어둠이 각혈하듯 뱉어놓은 그 자리에서
빛으로 깨어나 희망의 꽃이 된 별
그런 까닭에 별은 깜깜한 어둠이다
어둠 속에서만 찾아 낸 기적의 빛이기에
나는 그것을 삶의 빛 희망이라 불렀다

지금 어둠 속을 헤매며 한 줄기 빛을 찾는다
꺼져가는 생명의 손을 놓치지 않으려면
그것이 허황한 것일 지라도 찾아야 하기 때문이다

깜깜한 어둠 속에서만 피어나는 빛,
그래서 더 갖고 싶은 빛, 별아, 별아
간절히 네게 매달려 본다
살려다오! 살려다오! 내 딸, 살려다오!

11월의 공원

그늘 속에 숨어살던
숲속 바위 위에도
무지개 꽃이 앞 다퉈 내려앉는다

네온이 어둠을 몰고 찾아드는
서울 노원구 중계동 삿갓봉 근린공원
어둠은 자꾸만 키를 키우고
머릿속 쓸데없는 지껄임들이
밖으로, 밖으로 성장을 한다

쌀쌀한 갈바람이 어깨를 토닥이는 벤치에서
기꺼이 가을의 포로가 되는 야수
엉킨 실타래처럼 마주하는 시어들은
누가 우선인지도 모를 무질서를 낳고

가을을 즐기는 머리 위에
소원이라는 별 하나 허무히 떨어져 내리고
가슴엔 이미 홍수주의보가 내려져있다
별이 떨어진 발아래서 별마저 흐느끼는 밤이다

향기 잃은 꽃

장흥 회진 포구 로뎀나무 펜션,
축대 아래를 거닐다가
문득, 돌 틈에서 낯익은 얼굴을 만났는데
갯바람에 지워졌을까
꽃이라면 응당 가져야 할
유혹의 향기마저 사라지고 없구나

하얀 가슴에 붉은 낙인 하나
꿈꾸다가, 꿈길을 헤매다가
얻은 것 없어 빈 가슴만 내미는 것이냐
아침 바람에도 화알~짝 속없이 웃는 네 모습

너의 세계가 無心무심의 세계라 하지만
안녕이라는 인사 한마디쯤 건넬 만도 한데
너와 나 사이 이렇게 가까워도
목소리 한 번 들어 볼 수가 없구나

삶이 무엇인지 지켜줄 담장도 없는 야생에서
그 터 지키려 향기 다 써버린 탓이겠지
세상을 밝히는 일출보다 더 곱게 웃고 있지만
아무리 킁킁거려도 맡아볼 수 없는 너의 체취

오래전 잃어버린 임,
오늘따라 간절히 보고 싶구나.

학도암 길을 등산하다

바위와 눈싸움하고 나무와 정감 나누며 걷다보니
어느새 학도암 마애불상이 내 눈을 점령해버렸다

고르지 못한 숨결로 불상 앞 불전 함에 난생처음 돈을 넣고 딸의 완쾌를 빌었다 이게 무슨 도움이 될까 싶어도 지금의 나로서는 기댈 곳이 없기에 염치없이 불상에 마음을 기대어 본다.

종교를 믿지도 않는 사람이 툭 트인 암자에서 석양을 보며 마음을 내리는 것은, 아마도 내 어깨에 짊어진 짐을 지킬 수 없을지도 모른다는 염려가 앞서는 까닭일 것이다

'힘들게 뭐 하러 산을 오르느냐'는 큰딸의 전화를 받고서 가만 생각해 보니 정상이 바라보여서라는 것도 그렇고, 건강 챙기겠다는 핑계를 대기도 딱히 그렇고, 그냥 산이 좋아서라 말했다

오른다는 것은 결국 내려가기 위한 하나의 수순 아닌가, 그토록 충혈 되었던 석양의 상처에는 검게 딱지가 앉고 내리막길 보니 마음이 급해진다 부처는 소원을 들어줄까? 내가 내게 다시 묻는다.

무명용사 묘비 앞에서

아내를 잃고 16년, 그 서글픈 이별을 아파하며 아쉬움, 안타까움만 덕지덕지 남은 세월입니다. 그런데도, 그 몇 배인 시간의 강이 흘렀는데도 임들은 보고 싶다는 사람도 없고 슬퍼해주는 사람도 없이 눈물 한 번 못 얻어먹은 채 잊히고 버려졌습니다

임들의 피와 뼈와 살로 이뤄진 이 땅에서 어쩌면 조상님의 은덕이겠고, 내가 잘난 덕분이겠고, 시대를 잘 타고 난 때문이라 말하면서 임들을 잊고 살아갑니다. 임들로 인해 혜택 받은 삶이지만 임들은 잊히고 나는 제 잘난 맛에 취해 아내 잃은 슬픔만 가득할 뿐입니다 이래선 안 되는데 숭고한 죽음을 꼭 기억해야 하는데 말입니다

어느 순간 우리는 참담한 과거를 잃고 자신만 돌보며 현재를 살고 있습니다. 세상이 그렇게 변했다고 핑계를 대며 말입니다
지금도 나는 임들 앞에서 딸아이의 건강만을 생각하며 살려달라고 애원합니다. 참으로 뻔뻔하지만 어쩔 수 없습니다. 나는 자신의 이익만 추구하는 속물이니까요

여름이 가는 소리

투두둑 투두둑
귓가에 여름이 떨어지는 소리

바사삭 바사삭
발밑에 여름이 떠나는 소리

찰칵찰칵
손으로 떠나는 것들을 배웅하는 소리

콩닥콩닥
철없는 딸 여름 따라 갈까봐 가슴 뛰는 소리

건너편 온실에 꽃이 지던 날

새날을 준비하고 활짝 피어야 할 꽃 한 송이
꼭두새벽에 서둘러서 지고 있다

퇴색된 꽃잎, 버석거리는 이파리를 달고서도
활짝 피겠다고 안간힘으로 버텨내더니
봄을 보지 못하고 서릿발 내린 새벽길 떠나갔다

꽃이 졌다고 슬퍼하는 가슴 가슴에
훗날 남겨질 최고의 값인 그 꽃의 이야기
얼마나 오래 피었다가 허무히 질 것인가

내 처지가 저들과 다를 바 없는데 나는 누구를 위하여
눈물을 흘리는가?
서둘러 돌아온 온실, 곤히 꿈길을 거니는 꽃봉오리를 쳐다보며
철렁 내려앉은 가슴을 쓸어내린다.

하늘이 노랗다

서울 노원구에 위치한 을지병원 6층 창가에서 내다보는 풍경 속에는 회색빛 건물과 우거진 녹음 그리고 파란 하늘이 있습니다

정겨운 풍경들이 작심한 듯 가슴을 짓누릅니다.
뻥 뚫려서 높기만 하던 하늘마저도 숨쉬기 힘든 무게를 가하고 있습니다

하루하루 시간에 쫓기면서 들어야 했던 말
'시간이 얼마 남지 않았다'라는 이 말이 오늘은
내 가슴속 물길을 트기에 충분했습니다

물길이 쓸고 지나간 그 자리, 거기엔 아무것도 보이지 않고
어쩔까? 어찌해야 할까! 그저 동동거림만 있을 뿐입니다.

뿌리는 시들지 않는다

아무리 가물어도 시들지 않지, 아무리 힘들어도 포기를 모르지
왜냐면, 삶의 기본은 사랑이란 걸 뿌리는 알거든

나를 위해서가 아닌 너를 생각하게 하는 힘, 그것은 너로 말미암은 것이니까, 어떤 경우라도 네가 힘들면 위태로운 건 나니까

너를 위한다는 것은 나를 위한 일이었지 그걸 알기에 시들지 않지 아니, 시들 수 없지, 그걸 알기에 꿋꿋이 자신의 길을 갈 수 있는 거야

말하지 않아도 그 수고를 가지는 잘 알지, 이파리는 잘 알지, 푸르게, 푸르게 성장하는 것은 시들 수 없는 뿌리의 수고를 너무 잘 아는 까닭이지

그러니 딸아,
좋은 재목은 바라지 않을게 시들지만 말아다오.
뿌리를 잡고 있는 그 손을 제발 놓지만 말아다오

하나인 것처럼

내 안의 삶이라는 바위 하나
이별로 떨어져나가고
통곡으로 떨어져 나가고

그 날카로움에 베인 상처 깊어
약을 바르려 해도 끝이 보이지 않고
꿰매려 해도 답이 없다

깎아야 한다, 깎아야 한다, 깎고 또 깎아
쪼개진 바위의 날카로운 면을 둥글게 해야 한다
그렇게 너, 나 아닌 하나의 가슴이 돼야 한다

각진 내 가슴, 한의 응어리들이 서로 얽히어
옛날 얘기로 웃음 짓는 하나가 될 수 있다면
이 세상 또 한 번 힘내어 살 수 있으련만…….

Meow

2부

"딸아, 네 봄은 어디만큼 왔니?"
"아빠, 봄을 볼 수나 있을까요 이렇게 추운데요."

망자가 걸었다는 그 길을 다녀왔을까
딸의 한없이 깊어진 눈동자가
이미 다음 생을 예언하고 있다

못 박히다

나무가 겨울바람과 사투를 벌이는 숲속에서
담담하게 눈도장을 찍는 딸에게 물었다
"딸아, 네 봄은 어디만큼 왔니?"
"아빠, 봄을 볼 수나 있을까요 이렇게 추운데요."
망자가 걸었다는 그 길을 다녀왔을까
딸의 한없이 깊어진 눈동자가 이미 다음 생을 예언하고 있다

머나먼 남쪽,
자신이 태어난 고향에는 매화가 피었다는데
가슴에서 봄소식을 밀어내며 자신의 처지를 한숨으로 달래던
그 아이, 하늘은 과연 있는 것인가!
빼줄 사람도 없고 함께 상처를 아파해줄 사람도 없는데 서른일곱
철없는 딸이 아비의 가슴에 무차별 폭력을 휘두른다.

아비라는 이유로 가슴을 내주며 여유 부려보지만
팔팔한 젊음으로 밀고 들어오는
공포, 허탈, 고독과 철저한 외로움들의
상종 못 할 잔인한 공세 앞에 속수무책 자리 잡는 이 한은
또 어쩌란 말이냐

달랠수록,
부르짖을수록,
더 빨라만 지는 분노의 망치질 소리
고통 속에서도 새날을 꿈꾸는 아비가
자비란 찾아볼 수 없는 너의 망치질에
천 갈래 만 갈래 찢어져 성한 데가 없다

나는 그래도 좋은데
너는,
네 속에 박혀있는 그것을
절대 받아드리면 안 되는 것이었다

젊다는 이유로도
새댁이라는 이유로도
젖 한 번 물려보지 못한
신생아의 엄마라는 이유로도
절대 받아들이면 안 되는 것이었다
이 어리석은 것아!

개~뿔

지옥의 사자들이 뻰질나게 드나드는 중환자 병동
뭐 먹을 게 있다고 저리도 신나게 드나들까
무슨 뒷거래 있어 병동을 제집 드나들 듯하는가

그곳 창가에서 밖을 내다보니
사각으로 보이는 손바닥만 한 그곳도 하늘이라고 할 짓 다한다

말간 모습으로 웃다가 금세 찌푸리고, 그러다간 또 말갛게 웃고,
웃는가 싶으면 금세 찡그린 얼굴에서 눈물이 쏟아진다

속도 없지 저런 하늘에다 내가 뭘 부탁하고 있었는지,
저런 밴댕이 소갈딱지에게 내 여식의 안위를 맡기고 있었으니 원

그만큼 기도하고 매달렸으면
귀띔에라도 생각해 본다 말해줄 수 있었으련만
그만큼 애원했으면 들은 체라도 해주련만
나 몰라라 외면하는 저 신들의 땅

어디에 기대어 맘 놓고 울 수도 없는
나는 어찌하란 말인가
태어나 어미젖 한 번 물어보지 못한

스무날 된 손녀는 또 무슨 죄란 말인가
마음 달래려고 우러러보는 하늘
그도 어쩔 수 없나보다
찔끔거리다 펑펑 운다

개~뿔!
내 딸 좀 살려주라 했지
누가 같이 울자고 했었나

심청이도 아닌데

엄마가 있는데도
엄마젖 한 번 물어보지 못한 아이, 민지

어미는 자식 앞에서 젖을 삭여야만 했다
쓸모없이 부풀어가는 젖가슴을
주사와 약을 복용하며 잔인하게 주저 앉혔다
먹을 수 없는 젖을 제거하는
말도 안 되는 일이 눈앞에 펼쳐지고 있다

심청은 어미 없어 동냥젖을 먹고 자랐다는데
어미가 있는데도 동냥젖을 먹어야 하는 아이

다들 엄마 품에서 젖을 먹고 잠드는데
산후조리원에서 어미 없이 홀로 자라는 저 아이
도대체 무슨 죄란 말인가
오, 잔인한 하늘이여!

그냥 온 것은 없다

이억 분의 일,
지구상의 어떤 생명체도 이렇게 치열한 생존경쟁을 거친
존재는 없다.
기억해두자 '나'라는 존재 형성은 그렇게 위대하다

왜 나를 낳았냐고 우리는 흔히 말하지
그럴 때마다 부모님은 말했어
힘든 환경 속에 너희를 데려와 미안하다고

그런 내가 이억 분의 일 경쟁 속에서 살아왔다는 사실을
알게 된 거야
그런데도 주위 환경만 탓하며 살았었지
열심히 살아야 하는데 포기해서도 안 되는데
기껏 암 따위의 위협에 무릎 꿇으면 안 되는데

버텨야 해!
이겨야 해!
그래야 세상에 오려고 노력한 만큼의 결과가 빛이 되어 오는 거야

애야, 내 딸 세정아!
이겨야 해, 이겨내야 해

적십자가 숨 쉬는 제중원에서

성큼성큼 노을을 따라간 도시는
차갑게 식어 숨소리마저 어둠에 파묻혀있다

어쩌다 방황하는 꿈들이 길을 잃을까
설치해놓은 유도등들이 반짝반짝 개성을 뽐내는
여기 서울 한복판, 제중원 옛터에서
밤을 훔치려는 도둑처럼
창밖으로 손을 내밀어 조심조심 도시의 창을 딴다

잠들지 못하고 까칠하게 날을 세우는 꿈들
서서히 오므린 두 손아귀에서 빠져나가려 꼬무락거리는 희망이
라는 꿈을 하나, 둘 적십자에 매달며, 살고 싶다면 내 딸 병 고쳐
달라고 윽박지른다

자신의 영역 밖이라며 슬퍼하는 꿈
아프다며 칭얼대는 환자
나는 어쩌라는 것이냐며 눈물짓는 아비

안개비 내리는 밤,
잠들지 못하는 병실의 기도에
제중원의 적십자는 밤새 눈시울이 붉다
밤을 꼬박 새며 붉디붉은 눈물을 흘리고 있다

정중동

내가 서 있어야할 자리를 안다는 것

모진 세상 풍파에도
흔들리지 않을 자리를 찾아내는 중요한 일이다

결코 흔들릴 수 없는 그 경계,
선장이 파도를 두려워하지 않고
어떻게 헤쳐 나갈 것인가를 고민하듯

생과 사의 두 길을 저울질 하며
아슬아슬
명줄을 이어가는 외줄타기의 삶

나는 그 중심에 서있다
결코 한눈팔 수 없는,
아비라는 자리다

방황

네거리 한복판에 길 잃은 영혼을 인도해 줄 그 무엇도 없네.
하늘은 같고 동서남북 길도 똑같고 그 한가운데 대책 없이
머물고 있다는 것만은 확실하네.

길이란 그냥 달려야 하는 곳이라 샛길은 생각해 보지도 못했네.
쉼터도 생각해 보지 못했네.
앞뒤 가리지 않고 뛰어야 했으니
그것이 젊음이 아니고 무엇이었으리

가족들과 웃을 수 있는 것이 행복이라 했는데 흩어지고,
사라지고, 휑한 울타리에 고독한 그림자만 갈 길을 잃었네.
앞, 뒤, 좌, 우, 서성이는 그 길에서 나는 어느 곳으로부터 오고
어디로 가는지조차 알 수 없네

가끔씩 길을 잃어버리는 작금에 이르러
한 발 내딛기가 왜 이리도 힘이 드는지
조금만 옆을 벗어나도 너무나 낯선 길
그 길들이 기다렸다는 듯 달려들기 때문이네

바라보이면서도 함께할 수 없는 길로
사랑하는 사람들이 떠나버리기 때문이네

달려야만 하는 줄 알았던 길들은
새삼 이별이란 공포로 가득 채워져 있네

결국 방황의 끝은 공포뿐이란 걸 알았네
외로움뿐이란 걸 알았네
통제할 수 없는 슬픔뿐이라는 걸 알았네

달리기를 멈추고 방황을 끝내야 할 것 같은데
당장 꺾일 듯한 다리에 힘줄은 무릎뼈를 세우네
가야만 한다고, 그것이 세상에 온 대가를 지불하는 것이라고
그것은 잔혹한 저주일 것이네 나, 라는 이름이 짊어지고 온
참혹한 삶의 대가代價일 것이네

아비인데

파란 도화지 위로 햇살이 쏟아지고
점점 뭉게구름 온갖 조화 이루며
한 폭의 풍경화가 되는 갖고 싶은 저 하늘
어두웠다간 밝아지고,
밝아졌다간 어두워지고,
삶의 면면이 흥하고 멸하는 것이려니
지금 하늘 모습이 그와 흡사하다

아름다움도 지나치면 흠이 보인다는데
오늘 내 눈에 보이는 하늘이 그렇다
사랑하는 딸아이의 뱃속 환경이 태아와 함께 성장한 말기 암이
라는 검은 구름에 뒤덮여 확장 속도가 남다르다는데
사람으로서 손쓸 수 있는 한계를 넘었다는데

자신의 처지가 어떤 줄도 모르고
화~알~짝 웃으며
딸과 함께 가꿔갈 미래를 설계하는 모습을 지켜보며 통한의
가슴만 쳐야하는 내게
너는 그저 너라는 이인칭일 수밖에 없었다
속수무책이라서 그저 염려만으로 일관하는 아비는 발만
구르고 있다

절망이 머무는 여기, 나는 누구인가?
아비인데,
너를 세상에 오게 한 아비인데
그런 아비는 왜 속수무책이어야 하는가!
이 숙제 어떻게 풀어가라고
목칼 형틀*보다 잔혹한 짐을 내게 지우는가

* 목칼 형틀: 죄인의 목에 씌우는 사각형틀

가을에 쓰는 詩

요즘 들어 자주 가을이란 녀석을 만난다
게으른 나를 창가에 불러 세우고
나오라고 칭얼댈 때면 대책이 없다

제법 두꺼운 외투를 걸치고
듬성듬성 비어가는 단풍 길을 걸을 때엔
아름답다는 말을 되뇌기도 하지만
정든 가지를 떠나야하는 나뭇잎에게 내가 해야 할 소리인가는
조금 숙제로 남겨둬야 할 것 같다

봄이나 가을이 아름답다는 것은 같지만
만나서 반가운 아름다움과
훗날을 기약하는 아름다움은 또 다른 것
한 그루의 나무가 보여주는 생의 변화로
생각은 늘 생각 너머의 세계를 찾아 간다

나는 도망치는 가을을 잡을 수 있을까
갖은 수단을 다 동원해 보지만 점차 사라져가는 제 딸의 실핏줄도
지키지 못하는 어설픈 사냥꾼
가을을 좇아가는 것도 힘에 부친다

10월

나무의 탈모가 시작 되었다
주체할 수 없었던 자람이 멈춰버린
중년의 가을처럼

안타깝지만
손쓸 수 없는 것도 자연의 이치라서
허무함이란 이런 것일까 싶다

손으로 잡으려 해도
가슴으로 잡으려 해도
붙잡을 수 없는 그런 것 말이다

10월은 그렇게 잃어버린 것으로 넘쳐난다
10월은 떠나는 것들을 가슴에 담아야 한다
떠나는 것들의 고향 10월은
삶의 애착을 충동질하는 안타까움의 계절이다

무뎌지다

무뎌진다는 것은 내려놓는 일.
집착과 욕심을 내려놓고
서늘히 가슴을 비워주는 일

시간이 켜켜이 드러눕고
뾰족했던 삶 두루뭉술해졌을 때
이 또한 삶이려니 하며 비로소 웃을 수 있다면
잊히고 단련되고 그렇게 무뎌지는 시간 저편
분초를 다투던 초조함이나 날카롭던 공포감도
둥글둥글 그저 둥글 것이다

그토록 다급했던 발길도,
차마 드러내지도 못해 헐떡이던 숨결도,
금세 세상이 끝날 듯 갈피 못 잡던 언어도,
시간이 켜켜이 포개져 누운 암 병동에선
하릴없이 어슬렁거리는 몸짓에 불과한 것을

잊힌다는 것

세상에 와서 참으로 열심히 산다는 것은
누군가로부터 내가 잊히지 않기 위함입니다
가족으로부터,
직장으로부터,
사회로부터,
이는 살기 위한 힘이고
살아가야 할 뚜렷한 이유가 되기도 합니다
내가 떠나고 누군가가 기억해주길 바람하기에
나를 잊을 수 있으며
내가 버틸 수 있는 초인적 힘을 제공하는 단초가 되는 것입니다
사회로부터 가족으로부터 잊힌다는 것
그것은 죽은 자의 세상이기 때문입니다
내 딸 세정이가 그 것을 알고
잘 버텨줬으면 좋겠습니다.

단풍이 찾아오는 창가에서

중계동 삿갓봉 사거리 근린 숲에 시월이 무르익고
콘크리트 숲엔 무지개가 소리 없이 내려앉았다

네가 있고 내가 있으므로 어김없이 찾아오는 또 한 번의 가을이
이렇게 아름다울 것이다

너, 나 어울려 사는 세상엔 늘 무지개가 소리 없이 내려앉지만
네가 없다면 그게 무슨 소용일까

내 딸,
꽃피는 봄이라도 볼 수 있을까?

자꾸만 야위어지는 네 모습이 저 단풍만 같아서
나는 저 아름다운 단풍이 사랑스럽진 않구나

10월의 기도

노원구 중계동 콘크리트 숲
샛갓봉 근린공원에 시월이 오면
알록달록 무지개 샘이 생긴다

잠깐, 아주 잠깐이지만
나는 환호하고
딸의 가슴에도 무지개가 내려앉길 기도한다

11월이 가까워지고
무더기로 달아나는 가을을 따라
기도가 통하지 않는 길로 접어드는 딸의 건강

혹여나 하는 마음으로 찾아가는 병원에선
잘 이겨내 보자는 똑같은 말만 되돌아오고
뼈만 남기고 달아나는 살들은 돌아오지 않고
기적을 기다리는 가슴은 벌써 한겨울이다

부엉이의 겨울

3부

나는 가을을 따라갈 수 없네
슬픔이란 화장 · 하늘은 있는 건지
사라지는 별 · 지지리 궁상 · 울지 않는 새
바람구멍 · 추억 쌓기 · 문을 두드리다 · 벽
싫어도 인정해야 하는 것 · 희망이 떠나간 자리
죽기로 싸운다는 것 · 삶의 블랙홀 · 그대 오소서
고발합니다 · 내가 너라면 · 연리지

가을은 겨울을 향해 가는데
나는 가을을 따라갈 수 없네
석양에 가을을 따라가면 어둠을 만날 것 같아서
무작정 따라나선 딸이 길 잃을까 두려워서

나는 가을을 따라갈 수 없네

무지개가 제빛을 뽑아
하나하나 길 위에 뿌리는 계절
망령든 고목이 옷을 벗어대는 마로니에공원,
벤치에 앉아 바라보니 가을도 늙어있네

바람이 바쁜 걸음으로 걸어오고
고목은 발가벗은 채 겨울 향해 걸어가고
어깨를 나누던 연인들도 손을 흔드는데
아~ 나는 손 흔들 사람도 없구나
반겨줄 이 없는 집은 싫다, 어디로 가야 할까

발길에 차이는 고목의 옷가지를 주섬주섬 챙겨
겨울을 향해가는 고목에게 돌려주고
바람에 떠밀려 혜화역에 들어섰네
열차는 어서 가자는데 내 발은 왜 이리 무거운가

가을은 겨울을 향해 가는데
나는 가을을 따라갈 수 없네
석양에 가을을 따라가면 어둠을 만날 것 같아서
무작정 따라나선 딸이 길 잃을까 두려워서

슬픔이란 화장

병원을 나와 은행나무 길을 무심코 걸었었지
팔랑팔랑
낙엽이 어깨에 앉아 유혹의 미소를 보내더군
그래봐야 설렘도 없는 몸인데

마로니에 공원에서 멋스러운 여인들도 만났지
그저 한 순간 지나치는 인연이지만
그래도 예전엔 가슴이 뛰던 사람들인데
지금은 그저 지나치는 인연일 뿐 설레지는 않았지
설렘도 없는 목석같은 삶

척박한 삶에 찌들 대로 찌든 그 사람
붙잡을까 봐 떠난다는 말도 없었던 그 사람
깜박 잊고 있었어.
내게도 한 때 설렘이 있었지 그랬었지,
그 사람 떠나면서 설렘도 모두 가져갔었지

집에 가는 길 혜화역 화장실에서 거울을 만났지
슬픔이란 화장을 해서 너무 볼품없는 거야
예전에 쓰던 화장품을 너무 많이 발랐더라고
설렘 따위 버리기로 했어 슬픈 화장품도 같이
이젠 내가 싫더라고

하늘은 있는 건지

음지에 뿌리를 내리고도
늘 웃으며 자라던 나무

건강이라는 단어를 밥 먹듯 입에 달고 마치 그것에 의한 삶인 냥
살아왔지만 정복자의 손아귀를 빠져 나오지는 못했네

야금야금 좀 구멍이 생사를 가늠하는 크기가 되었으니 어디
건강이 말로만 지켜지던 것인가
나는 오늘도 허무를 맛보고 있네

성목이 되기 전, 고사목이 되어가는 작은 나무를 보며 이래도
되느냐고 애꿎은 하늘만 원망으로 바라보네.

사라지는 별

하늘의 별을 헬 수 있나요 그대,
나는 헤아릴 수 있을 것 같아요
별은 한 사람의 발자취라죠
지구촌 인구가 약 육십억이라니까
어림잡아 육십억이랍니다
물론 내가 셀 수 있는 별은 오천만 개 정도겠죠
내 나라 내 땅을 벗어난 적 없으니까요
생명의 소중함을 알리는 별
그 반짝임이 얼마나 아름답던지요
반짝일 때마다 얼마나 사랑스럽던지요 그런데
간호사의 말이 어제도 별 하나 졌다고 하네요
오늘도 빛을 잃어가는 별이 있다고 해요
얼마나 슬픈지 몰라요 그 얘길 들을 때마다
이러다 별이 다 사라지면 어쩌죠?
별 하나 없는 밤은 너무 쓸쓸하거든요
다행히도 우리에게 민지라는 별 하나 찾아왔어요!
빛이 사라지는 딸의 자리를 대신해서죠!
그런데도 왜 이리 슬플까요?
왜 이리 가슴이 아플까요?
빛이 사라지는 별을 속수무책 바라봐야 하거든요

지지리 궁상

식판 가득 차려들고
아무도 반기지 않는 식탁에 앉았다
말간 국그릇에 가만 다가오는
천장 불빛만이 나를 위로하지만
밥 한 술 후적이니 그마저도 사라진다

세상은 혼자서 밥 먹는 일이 허다하지만
그게 좋아서만은 아닐 터
엉킨 사연들로 인해 생겨난 현상現象이니
어찌 정상이라고만 말할까
시선이 밥과 반찬 사이를 오가다가
벌어진 이빨 사이를 탈출하는 밥풀떼기와
한판 씨름을 하고 누가 볼세라 주변을 살핀다

없어서 못 먹던 하얀 쌀밥이
왜 그리도 넘기기 힘든지
'밥 먹는 것도 전쟁이다'라던 지인 말이 생각난다

병원과 집에서 혼자 밥 먹는 날이 생활화되었다
그러려고 하는 일은 아니지만 어쩌겠는가!
인연이라는 게 만나면 또 헤어지는 것인데
그렇다 하더라도 너무하다 싶다, 내겐

울지 않는 새

꿈이 많아서 훨훨 창공을 휘저어도 보고
목이 쉬도록 실컷 노래도 하고 싶었는데
삶의 늪에 발목 잡혀 이도저도 못하는 새
이 난관을 벗고 속 시원히 노래하자 별렀건만
포식자에게 목소리와 날개를 빼앗기고
숨죽이며, 숨죽이며 설움을 달래는 나날

허무한 삶에도 온몸 가득 봄을 느낄 때면
미치도록 피워 보리라던 그 꽃대
거울 속 피골이 상접한 자신의 모습에 실망하여
그토록 기다리던 순간이 올까 싶어
조심조심 봉우리 키우며 내일만 되뇌고 있다

어제가 가고,
오늘을 맞이하고,
내일을 기다리며,
가슴속 번뇌 녹이고 허물어서
소망의 탑 높이 가늠키도 힘 드는데
늪의 포식자는 새를 끝내 놓아주지 않았다
그 많은 꿈 그 많은 가슴의 노래 다 어쩌라고
날개 꺾인 새는 가슴도 잃고 목소리도 잃었다

바람구멍

내 가슴엔 세상 모든 것들의 이름과 이야기들이
거침없이 빠져나가는 구멍 하나 있다

어느 것 하나 통과하지 못하는 것은 없지만 눈에도 띄지 않는 것이 빠져나가지 못하고 구멍을 막고 서서 보는 이의 애를 태우는 바람이 있다

말이 말을 먹고 짧아질 대로 짧아진 글이 된 뒤에야 비로소 빠져나가는 바람, 태분이라는 작은 이름에 억지로 자신을 우겨넣은 그녀가 괴롭히는 사내는 열여섯 해를 빈 가슴으로 살았다

무뎌질 대로 무뎌져 아픔은 없다 했는데, 슬픔은 없다 했는데,
이제는 웃고만 산다 했는데

자기가 낳은 딸이라고 세상살이 막 재미 붙이던 그 아이를,
가기 싫다 몸부림하는 그 아이를 데려가려나 보다

바람이 질주하는 가슴에
그 바람구멍이 이렇게 서늘한 것을 보면

추억 쌓기

집 앞에 삿갓봉 공원이 있는데도
굳이 휠체어를 끌고 멀리 떨어진
불암산 산책로를 찾았다
딸의 수명이 겨울을 넘기지 못할 것 같은
예감이 들어 추억 쌓기를 하고 싶어서다
가슴이 탁 트이는 이 공원에서 말이다

바닥을 뒹구는 낙엽들의 천국, 참나무 숲
겨울바람이 싫다는 가지들의 울부짖음만
산책로를 가득 메운 겨울 숲이다
얼마를 올랐을까
드문드문 마른 이끼를 보면서 딸에게 말했다

딸아! 저 이끼들을 봐라, 생명이 다한 듯 보이지
그런데도 그들은 최소한의 명줄을 붙잡고 산단다
푸석한 생의 끝을 잡고 비 오기를 기다리지
한 방울, 그 한 방울. 기적의 비를 기다리며
빗방울만 있으면 다시 일어설 수 있기 때문이지
봄이 오면 네게도 기적의 약이 나올 거야 그렇지

아무런 말이 없다. 한마디 말을 건네기도 귀찮은 듯 붉게 물들어
가는 저녁놀만 바라볼 뿐이었다.

문을 두드리다

춥고 외로워서
두드리면 반겨줄 것 같은
수많은 문들을 두드려 봅니다

꽉꽉 닫혀있어 열리지 않은 문들 중에
겨우 응답이 왔습니다
이 문을 열고도 후회 없겠느냐고

그것이 하필 일월의 문이었네요
기왕에 열렸으니 꽃피는 봄이면 더 좋으련만
아직도 벗어나지 못한 겨울 중턱

사랑해야할, 사랑 받아야 할
비쩍 마른가지가 숨을 헐떡이는데
아직도 봄은 멀었다니요

저 마른 가지에 물오르는 삼사월
그 봄 오기도 전에 고사해 버리면
아~ 활짝 웃는 꽃을 기다려 온
나, 그리고 우리는 어쩌란 말입니까

벽

암병동 창가에는 햇살이 졸고, 바람을 피해 희양목 아래로 피난 갔던 눈덩이가 하염없이 눈물을 흘리고 있다 그의 눈물을 쪼아 먹은 참새는 그늘로 숨어들어 한숨만 쉬고

똑같은 햇살 아래 있지만 너는 춥다고 떨고
나는 온실 안에서 나른함에 졸고 빤히 보이면서도 유리벽 하나를 사이에 두고 너와 나 세계가 달라 서로 다른 온도 차이를 느끼고 있다

서로가 바라보지만 함께 느낄 수 없는 정도의 차이 극과 극을 오가는 고통과 안타까움, 그 보이지 않는 벽에 막혀 우리는 그저 바라만 보는 환자와 보호자의 관계가 아니냐

환자와 보호자로서가 아닌 일상의 아비와 딸로 이렇게 지내면 얼마나 좋을까! 각자 다른 세계의 벽을 허물고 가까워지려고 노력하는 우리에게 언제쯤이나 행운이 찾아와 서로 외롭지 않을까

싫어도 인정해야 하는 것

무서리를 좋아하지 않지만 이미 나뭇가지에 내려앉은 무서리를 어쩌란 말이냐 하소연을 하려해도 입이 얼고, 손이 얼고, 발이 얼어버렸는걸

운명이라 치부해버리기엔 너무나 억울하고
순리가 그렇다 하면 거스를 수도 있음인데

한번은 겪는 길인데 뭐가 그리 억울하냐. 할 테지만
애써 심은 초가 속수무책 시드는데야 원

다른 화원의 꽃들은 다투어 피는데 내 화원의 화초는 무서리를 견디지 못하고 생을 마감하고 있다
아무리 부정해도 현실은 그를 증명하고 있잖은가!

희망이 떠나간 자리

늦은 11월, 비 내리는 거리에는 미래의 빛처럼 너울거리던 금빛 나비 떼가 일제히 날아 내린다

가로수를 감싸고 있던 금빛 나비 떼가 내려앉은 길거리는 어제 걷던 소망의 그 길이 분명 아니었다

날아가 버린 나비의 빈자리는 미래의 꿈도 찾을 수 없다 그저 텅~빈 가지만 손사래 치고 있을 뿐

금빛 위용 자랑하던 가로수 길은 내 기도를 들어줄 것 같더니, 개~뿔, 기도를 들어주기는커녕 꿈에 그리던 미래는 똥 구린내만 풍기고 있다

죽기로 싸운다는 것

어머니의 손을 잡고
어둠 속을 탈출한 지 겨우 두 달

"아빠 나 좀 살려줘"
꿈속에서 들려오는 소리 따라간 거기, 화약 냄새 풍기며 차디찬
총구가 나를 기다리고 있더군

태아에게 한눈판 사이 딸아이를 집어삼킨 검은 악마가 시한부
선고를 하는데 양보란 없는 거야
언제 방아쇠가 당겨질지 몰라서
아이의 손을 굳게 잡고 어떻게라도 이겨보자며 쏟아지는 절규를
참아야 했어
우리는 겁먹지 말자고 했지

까짓, 선고쯤 내리라 그래. 폼 나는 우리의 당당함 앞에 암 따위가
방아쇠를 당길 수는 없을 거라고
한 번 죽지 두 번 죽어, 쏘려면 쏘라 그래!

큰소리 쳤지만 두려운 것은 숨길 수 없다

삶의 블랙홀

철저히 가려진 삶의 터널,
거기엔 거대한 폭풍이 존재한다

그 안에서 출구를 찾아 몸부림치는 존재
고통 속에서 철저히 당해야 했던 교훈들을 외투로 지어입고
매순간 위태롭게 살아남는 것이 생이다

운명이라고도 하고, 팔자라고도 하면서, 이제는 그 어둠마저도
자신의 일부분으로 받아들이지만 받아들일 수 없는 하나가 억울
함이다

나이든 내가 먼저 가는 것은 이해가 가는데 나보다도 죄 덜 짓고
세상도 적게 살아온 딸이 심판대에 올라 죽음을 기다려야하는
것이 꿈에도 이해되지 않는다.

그대 오소서

오소서 그대
마음만 오시지 말고
뚜벅뚜벅 눈앞을 걸어오소서

보고 싶었다 말하지 마소서
오고 싶었다 말하지 마소서
그런 말들은 꿈에서나 흔히 하는 것
책임지기 싫어 서둘러 입막음하는 것

어제도 온다는 말만 다녀갔었지
내일도 다녀갈 거라고
달콤한 말만 수화기 너머로 찾아왔었지
그렇게 다녀간 세월만 십수 년입니다

오소서 그대 오소서
사랑한다면, 보고 싶다면 말로만 말고
달려와 안아보소서
바람만 호올~로 우는 빈 가슴
그대 숨결로 따뜻이 채워주소서

고발합니다

시간을 고발합니다

경찰 아저씨 세월 좀 잡아가세요
아름답게 물들여 놓은 삶의 흔적들을
재가 모두 지워버렸어요

왜 그래야 되죠?
아무것도 아닌 것처럼
남의 흔적을 저렇게 짓밟아야 하나요

알아요.
아무 힘없이 그것들에 의지하며 사는
아주 나약한 존재가 생명체인 걸요
그렇지만 그러면 안 되잖아요

한 줄기 바람에도 힘없이 쓸려가는 생
붙잡을 수 없어 남겨둔 흔적들을
저렇게 냉정히 지워버리면 안 되잖아요.

내가 너라면

참 묘한 것이 병원이라는 삶의 바다이다
어떤 파도는 물에 빠진 자를 바다 깊이 끌고 가고
어떤 파도는 물에 빠진 자를 뭍으로 밀어내고
生死가 공존하는 병원이라는 삶의 바다

어느 누군가는 기다리게 한다는 이유로
어느 누군가는 불친절하다는 이유로
어느 누군가는 병세가 호전되지 않는다는 등등의 이유로 자신의 목소리를 높이는 병동

머리를 툭 치는데, 살 붙은 욕을 퍼붓는데, 배움이 없어서도, 못나서도 아닌 환자를 돌본다는 직업 때문에 억울한 줄 알면서도 할 말을 못 한다

말 폭탄을 목구멍 가득 담고 있으면서도 웃음으로 달래며 '참아야 돼'를 반복해야 한다. 그렇게 교육받아온 삶, 환자와 의료진의 공생관계 때문이다 어쩌다 피치 못할 엮임이 만드는 삶의 바다.
병원
파도가 거세다

연리지

서울대 의과대학 후문 히포크라테스 동상 옆엔
선서비가 있고, 그 옆엔 연리지 나무가 있습니다.

어떤 길을 걸었기에 서로를 품었으며,
어떤 인연이기에 그렇듯 하나 되었을까요
이 땅에 나무로 뿌리를 내린 까닭에 만나지 않아도 될 가지들이
피치 못해 엮였음입니다.

환자와 의사 그리고 간호사는 싫든 좋든 서로 엮여야 하는 삶이
라는 나뭇가지입니다
의사와 간호사는 치유와 보살핌의 가지이고
환자는 그들에게 보호받아야 하는 가지이기에
피치 못한 엮임의 연리지 되었음입니다.

이 땅에 온 우리,
저 연리지 나무처럼
가슴에서 가슴으로 엮여야 했습니다.
지금도, 이후로도 쭈~욱…….

부엉이의 겨울

4부

넓디넓은 숲속에서 나를 바라보며 노래하던 새는
이제 노래하지 않는다

경기도 남양주 모란공원으로 날아간 새
어차피 생의 끝은 쉼이라며 자신을 깨우지 마란다

땅은 말없이 잠든 새를 품에 안았다
수고했다며 다독다독,
그리곤 아무 말도 없다

새가 울지 않는 숲

물 한 모금을 간절히 원하던 새
밥 좀 먹고 싶다며 밤낮을 울부짖던 새
어렵게 얻어먹은 한 술마저 토해내고
한 맺힌 목소리로 배고프다며 노래하던 새

새는 삶이 고스란히 담겨있는 숲을 떠나고
그의 노래 듣고 싶어 산을 오르던
사내의 가슴에 봄은 아득히 멀기만 하다

숲속 깊은 곳에서 성장을 거듭한 어둠이
야금야금 먹어치운 성대 때문인지
아님,
이파리 하나 없어 호흡이 힘들었던 나무가
새의 폐를 먹어버린 때문인지
그도 아니라면
새의 위장을 차갑게, 차갑게 얼려버린
바위틈의 얼음 때문인지
한 방울의 피마저도 메말라버린
새는 더 이상 노래하지 않는다

흔적 없이 사라진 그의 목소리
그 아름다운 소리를 듣지 못하는
산 사람들의 목소리만 꺼이꺼이
사라진 새의 노래가 되어 메아리친다

넓디넓은 숲속에서 노래하던 새는
이제 노래하지 않는다

경기도 남양주 모란공원으로 날아간 새
어차피 생의 끝은 쉼이라며 자신을 깨우지 마란다

땅은 말없이 잠든 새를 품에 안았다
수고했다며 다독다독,
그리곤 아무 말도 없다

비 오는 날

비가 온다
떨어지는 물방울들을 보며 비가 온다고 한다
비가 엄청 오는 날이다

비가 내린다.
주룩주룩 종일 내린다
하늘은 구름도 없는데 비는 어디서 오는가
하염없이 내리는 비, 비, 비

비가 오는데도 빗물이 보이지 않는다
가슴에도 떨어지지만
떨어진 비는 흐르지도 않고
고이거나 넘치지도 않는다

아픔일까 슬픔일까
시름시름 내리는 비가 그칠 듯 말 듯
매일 매일
비 예보가 없었으니 올 만큼 오면 그치겠지

밑줄 쫙 긋고

바람이 멈추면 끝나는 줄 알았어
시간이 흐르면 끝날 줄 알았거든
모진 목숨 같은 질기고 질긴 인연

이미 사라져버린 너라는 존재가 내 마음 구석구석 먼지처럼 쌓여 닦으려 해도 닦아낼 수 없다는 것을 깨달아버렸지

순백純白을 지키기 위해 아카시아는 가시를 세웠지 그렇게 세속에 물들지 않으려 했지만, 사랑이 고파 몸부림으로 지어낸 향기는 버릴 수 없듯

삶으로부터 성급한 도피의 발걸음이 멎고 모든 이웃의 시야에서 사라진 지금도 너는 밑줄 그어진 채 내 가슴에 살아있는 불가사리가 아니더냐

혼자서 몸부림하게 하는
저, 그리움이란 이름으로 말이다

그런 줄도 모르고 1

"아빠 나 잠 좀 잘게요"
"응, 그래 한숨 푹 자"
"근데 아빠 잠을 못 자겠어 지금 자면 못 일어날 것 같아서요"
"애도 참 별소릴 다하네! 아빠가 깨워줄게 맘 놓고 푹 자. 잠들면 통증도 덜할 거야 그러니 아무 생각 말고 푹 자둬"
"알았어요. 그럼 내가 잘 때 손 좀 꼭 잡아줘요 간호사가 기계도 못 끄게 하고. 무서워서 그래"
"응, 걱정 마라 애비가 너를 꼭 지켜줄게 네 손 놓지 않을 게"

그렇게 다짐을 받고도 뭐가 그리 두려웠는지 한참을 눈을 깜박이며 잠 못 들어 했었지
"에이 모르겠다. 아빠 나 참말로 자요"
"그래 내 딸, 걱정 말고 푹 자"

나는 몰랐다 그렇게 잠이 온다면서도 눈만 껌벅이며 잠들지 못한 이유를
이 어리석은 아비는 너를 놓치고서야 알았다

그런 줄도 모르고 2

에이, 안 되겠다
아빠, 이제 마지막 인사합시다
아빠 고마워요.
신랑도 고맙고,
모두모두 고마워요.
모두모두 고마워요.

더듬더듬 너무나 담담하게 말하는 딸을 보며
숨 가쁘다, 말하지 말고 그냥 편안히 자라고 했다

산소포화도를 체크하는데 모니터가 온통 붉은 점멸신호다, 이게
마지막이구나!
얘야, 세정아 이러면 안 된다 일어나라!
긴급호출에 달려온 간호사가 임종을 알린다

얼마나 힘들었으면 마지막을 직감했을까
얼마나 두렵고 막막했으면
그렇게 눈 감지 않으려 몸부림 했을까
아비가 손을 잡고 있는데도 떠나버린 딸
부르면 다시 올까 싶어 목메어 불러보는
아비와 신랑의 목소리만 병동 가득 소용돌이친다.

딸 세정에게 1

아가, 엄마는 만나봤니
너희 고모 내외
눈물로 떠나보낸 무남독녀 태희는 만나봤니

섣달 초하루가 나흘이나 남았는데
한 해 넘기기가 그렇게도 두렵더냐!
봄날 꽃들 보기가 그리도 미안하더냐!

낯선 길 두려워서
어두운 길이 두려워서
아비 가슴에 드는 붉은 꽃물 걱정도 못 했겠지

아가, 우리가 걷는 길은 낯섦뿐이지만
극복하며 걷는 것이 인생이다
이별을 서러워하지도 말고 허무해하지도 마라

먼 훗날까지 너를 생각해줄 딸과
네 이름 적힌 묘비 하나 남아있지 않느냐

딸 세정에게 2

아가, 네 고향 남녘에는 목련이 앞 다퉈 피고
수양버들 가지도 희망의 꿈으로 일렁이고 있구나
너와 나의 거리, 부산과 서울
네가 보고 싶어도 쉬이 찾아갈 수 없어
네 엄마를 찾아 푸념만 늘여놓고 왔단다

납골함에 꽂아둔 가족사진엔
네 여인이 웃고 있지만
벌써 내 곁엔 두 여인이 사라졌다
내가 싫어서도 아닐 텐데
이별을 만든 하늘이 요즘처럼 미울 수가 없다
그리워하고 슬퍼하면 뭐하겠니. 이 모든 것이
궁극에 다다르면 남는 것은 허허로움뿐인 걸

그 아픔의 자리에 남겨둔 눈물은
향불이 사라지기도 전 사위어지고 없겠지
공원길 내려가는 동안 잠시 너를 잊는 것처럼
속수무책 주변의 웃음들이 잘려 나가는데도
인간의 삶이 그렇게 허무한 것이려니
쇠심줄보다 질긴 것이 사람의 정이라 슬프다
네 엄마와 너를 생각하니 참, 세상살이 재미없다

가벼운 것은 날지 않는다

아주 많은 시간 속에서
짜내고
털리고
사위어져서
가벼워질 대로 가벼워진
아내의 잠든 이름은
매서운 겨울바람에도 날아가지 않는다

훨훨 훨~훨
지 맘껏 날아가라고
내 여인이라는 소유명도 지워버리고
네가 사는 땅, 내가 사는 땅이라고
밟고 사는 땅에도 확실한 선을 그어 놨는데

먼지가 되었는가 싶으면
옷깃을 파고들어 있고
꿈이었는가 싶으면
어느새 눈물샘을 열고 있구나

자신도 그렇게 떠나기 싫어하면서
어이해 딸은 지켜주지 못했는가
초라히 남겨진 나는 어떡하라고

왜 고독하다 하는지

해 저물 녘 지하철엔
어디를 향하는지도 모를 승객들로
몸 돌릴 여유조차 없이 붐빈다

자신도 한몫하는 객차 안에서
뭔 사람들이 이리 많으냐고 혼잣말을 해본다
목적을 알아보려고도 하지 않는다
다만 복잡해서 싫다고만 말할 뿐이다
집을 향해 가거나, 친구를 찾아가거나
맛집을 찾아가거나, 사랑을 찾아가거나
그들의 가는 길을 내 역시 알 바 아니지만
내가 가는 길을 그들도 알 필요 없는 것이다

집을 향해간다 반겨줄 아무도 없는 집으로
친구들과 함께 웃어도 가슴은 울고
아무리 많은 인파에 묻혀 있어도 나는 외롭다
사람들이 왜 고독하다 하는지 어렴풋 알 것 같다

내가 보이는 곳에 서있네

앗따거길[1)]
가시에 찔려 절뚝이며 지나고
현기증길[2)] 아슬아슬 지나
꽃들의 평원이 마중하고 있다

고생 끝에 낙이 온다 했다
이 길이 그 길이라 착각하며 걷는데
꽃은 시들고, 나를 찾아온 것들은
아픔보다 더 진한 슬픔만 남기고 떠나간다

황량하기 그지없는 폐허 위에
누더기 걸친 품바가 고독을 씹고 있다
인연의 고리가 하나씩 잘려나갈 때마다
더 남루해지는 삶의 고지

분노의 길 위로 쏟아져 내리는
이별, 이별, 이별의 물줄기
운명이라며 받아들이는
그 이별의 현장에 나 이렇게 서럽다

1) 앗따거길 : 가시밭길을 시적 표현한 것임.
2) 현기증길 : 아득한 절벽 길을 시적 표현한 것임.

꿈

꽃길을 걷는가?
그 모습 어여쁘다
두려운 길 홀로 걷는가?
훌쩍이는 모습이 애달프다

누가 봐도 반듯한 가정
누가 봐도 행복한 모습
그렇게 웃으며 사는 네 삶이길 빌었는데

병마에 휘말려 삭정이 된 네 모습
꿈길마저 평탄치 못하구나

목숨 줄 이으려면 잘 먹고 잘 자야 하는데
말라비틀어진 음식 길은 뚫기도 힘들고
잠자리로 가는 길은 기침이 막아버렸구나

꿈으로 이어진 길,
얼마나 힘들었으면 현생을 버리고 후생을 향해
돌아오지 못할 너만의 길을 그렇게, 꼭 그렇게 걸어야만 했더냐

이천십구년 일월 삼십일일 오전 일곱 시(음력 2018년 12월 25일 07시 2분) 현재,
내 딸 세정은 고통스런 삶의 끈을 놓고 영원한 꿈길을 걸어갔다.

사라지는 것들

저번엔 봄볕이 말없이 사라지더니
어제는 여름 볕이 소리 없이 사라졌죠.
물론 지금은 가을볕마저 꼬리를 감췄지요
가는 것 오는 것
그들이 어디 온다고 오고 간다고 가던가요.
죽어라 목매어 불러도 못 본 체 떠나면
예전의 정만 슬프게 남겨져 있거든요
오면 가고 가면 오지 않는 것이 삶인 것처럼요
그러면서도 은근슬쩍
너 때문이라 말하는 거 있죠.
사람은 가고 정이라는 그놈만 남아서요.
그러면 뭐 어때요
중요한 것은 내가 있으므로 비롯되는 일인 걸요
세상 모든 것의 생멸은 정해져 있고
나도 언젠가는 떠날 텐데요
사라지는 것의 중심엔 언제나 내가 서 있거든요.

가장 슬픈 말

죽음
그것이 뜻하는 말은 영원한 이별입니다

단순한 삶의 한 과정이지만
죽음이란 이별은 살아있는 자만이 겪게 되는
극한의 통증이라서
버릴 수도 없고 안을 수도 없는
생의 곪아터진 종기와 같습니다

죽은 자와 산자의 경계
아픔이 성숙되어 부담에 이르기까지
마주보면서도 함께하지 못하는 평행이론
이미 그어진 이별의 이름, 죽음

"시간이 얼마 남지 않았습니다."

운명의 신이 대리인을 통해 전하는 말입니다
그 누구도 수정할 수 없는
세상에서 가장 슬픈 말입니다

문학을 좋아하는 나무

문학을 좋아하는 고목이 있었지 그는 매일 일기를 썼어. 자신을 좋아하고 사랑하는 세상 모든 것들의 이야기를 매일매일 써나갔지
상처 주기를 좋아하는 바람의 이야기나 자신의 꿈을 나뭇잎에 지도로 새기는 자벌레 이야기
자신들의 보금자리를 위해 몸을 구멍 내고 살림을 차리는 동물들의 이야기, 비를 피해 몰려들고 잠시 쉬며 힘을 비축하는 나그네 이야기
그런 이야기로 신나는 고목에게는 모두가 친구다
언제나 그들이 있어 힘이 나고 살아야 하는 이유를 만들 수 있어서다
삶이란 언제나 순탄하지 않는 것이란 걸 알기에 살아온 날들의 힘겨움도 별거 아니었다 말하지만
오늘 아픔은 참기 힘든 고통이라 말한다
이제 겨우 자신의 일기를 써나가는 작은 나무가
송두리째 잘려나가는 모습을 바라보며
내 죄가 크다, 내 죄가 크다며 울부짖지만
차마 따라가지 못하는 것도 세상사 아닌가.
한차례의 몸부림 후, 아무 일 없다는 듯 고목은 일기를 써나간다.
빨간 잉크로 이별이란 이야기를
세상 부모들의 가슴 속 이야기가 그러하듯

어둠

보잘것없어도
눈물로 다져놓은 결실들이 지천에 즐비한데
암흑을 벗어나려 떠오른 세상에서 손에 움켜쥘 수 있는 것이
그것들을 대신할 수 있을까

한 줄기의 서광이 나를 이끈대도
새로울 것은 또 뭐란 말이더냐
잠긴 것은 잠긴 대로 아름답고
떠올라 만나는 것은 그 나름의 값이 있는 것

아득바득 기어올라 바라는 곳에 다다랐다 해도
저만치 비켜선 것은 내 젊음과 허무
곁을 따르던 식구들 하나둘 앞서 떠나는데
남은 내 삶에 즐거움이 얼마나 되겠는가

고독과 슬픔과 그리움들이 떠나고
그들의 자리를 대신하는
황혼 무렵의 삶의 깊이가 바닥인 줄 알았는데
떨어져도 떨어져내려도 끝이 보이지 않는다

이 구덩이는 너무 깊다
깊어서, 깊어서 떨어져 내린다는 것조차 잊었다.

초월

새로운 삶을 찾아 죽기 살기로 날아 온 철새,
거리가 얼마였을까?
너의 주검 앞에서
꺾인 날개와 퀭한 눈을 들여다본다

말없이 마주한
네 눈동자 깊은 곳엔
외로움도, 두려움도, 고통도 없다

살아보겠다는 집념이 만든
너만의 세계이겠지
초탈超脫의 경지라는 것 말이다

너의 위대한 여정을 가늠해 봄직한
초연한 모습이 얼마나 장하던지
슬픔보다, 네가 찾아갈 다음 생이 더 궁금하다

탄탄

5부
해는 다시 떠오르고

네 육신 땅속에 있는데도
왜 하늘에 있다 생각이 드는 걸까
어두운 땅속보다
밝은 하늘이 좋아서일 것이다
힘들었던 기억 다 버리고
밝게 웃었으면 해서일 것이다

꽃은 찔리는 만큼 아름답다

꽃의 아름다움이 드러날 때까지 얼마나 많은 시련을 겪었을까 꽃이 되어보지 않았으니 나는 모른다. 다만 모질고 모진 삼동 추위에 가지 끝에선 겨우내 곡소리가 들려왔다는걸 아는 정도일 뿐

선지자先知者들이 말하길
처음부터 아름다운 것은 없다 했다
어느 생명체이든 산다는 것이 고통이며
숱한 고통의 각을 깎고 깎아 무뎌질 대로 무뎌진 둥근 마음이 곧
아름다움이라 했다
뾰족한 감성들에게 자신을 내주면서도
어르고 달래며 마침내 얻어내는 결정체
그것이 빛이며 찬란히 피어나는 꽃이라 했다

삶이란 고행의 연속이라고 했던가?

내 딸은 생명을 저당 잡혀 겉으로는 초라했어도
내면의 꽃은 찬란하게 피웠다
아름답게 지기 위해서 차마 목 놓아 울지도 않았다
나를 간병해줘서 고맙다는 인사만 남기고 떠났다

밝게 웃었으면 해서

하늘을 바라본다
거기 어디쯤에 네가 있을 것 같아서

네 육신 땅속에 있는데도
왜 하늘에 있다 생각이 드는 걸까

어두운 땅속보다
밝은 하늘이 좋아서일 것이다

힘들었던 기억 다 버리고
밝게 웃었으면 해서일 것이다

손수건도 없는데

눈물 흐르는데 소리 내어 울지도 못한다
손수건도 휴지도 없는 혼령들의 땅
나로 인한 아픔들이 주변에 널릴까 봐
지퍼를 열고 속옷 가슴께로 눈물을 닦았다

그런 지움 탓인가
눈물은 제자리로 돌아가고
가슴엔 슬퍼할 명분이 사라지고
공허한 산천만이 '나 예 있소' 손짓한다

세상을 바라보는 눈도
죽음을 받아들여야 했던 다급한 가슴도
가슴을 옥죄던 안타까운 숨결도
이게 인생이다 싶으니
보이는 것 모두가 그저 사랑스럽다

나는 다시 평화롭고
세상은 다시 나를 반긴다
그것이 삶의 길이라며
그렇게밖에 살 수 없음이 인생이라 말하며

시가 머무는 자리

사람이 머물던 따뜻한 자리를 만났다
시 한 편의 여운이 팔을 잡아끄는
'빈곳을 찾다'라는 김정희 시인의 시가 세상을 안고 있는 그곳,
서울 지하철 4호선 상계역

"나를 찾아 올 따뜻한 누군가를 위해 남겨져있다"는 '빈곳'
어쩌면 내가 찾아 헤매는 곳일지도 모를
십육 년 전 내 웃음을 빼앗았던 그리운 이여
그대 앉았던 자리도 체온이 사라지고 빈자리가 되었지만
나는 느낄 수 있답니다

그곳이 어느 곳,
어느 시간대일지라도 저 시인의 노래처럼 따뜻하게 누군가를
기다리고 있을 거라는 걸

아무나 흉내 낼 수 없는 그대만의 노래가 쉬고 있을 그곳, 그 빈 자리엔 내 삶의 노래도 다소곳이 앉아 지나온 날을 돌아보고 있겠지요.

아가야(민지)

아가야
우리를 찾아온 아가야
고맙고 사랑스런 아가야
엄마가 아빠가
예쁜 둥지를 만들어놓고도
그 자리가 사랑스럽지 못했던 것은
네 자리가 비어있었던 까닭이지
그렇듯 네 자리는 꽃자리란다
아름답고 사랑스런 기다림의 자리란다
예쁘게,
슬기롭게,
건강하게,
잘 자라주렴
그래야 해 반드시 그래야 해

18/7/31/새벽 1시 태명 튼튼이 출생
아기 이름은 최민지

낙엽 같은

바라던 것은 뭐든 이룰 것 같던 패기도, 끝없이 전개되던 자신감도, 이젠 까마득한 전설이 된 듯, 바람에 실려 가는 곳 어딘지 알 수 없지만 그 또한 가야할 길 아니더냐!

영혼 없는 몸들은 무심결에 짓밟고 가고, 깨어있는 영혼들은
측은지심으로 바라보며 참 고귀한 삶을 살았다 말하겠지

태어난 곳을 떠나 시간이란 그림자를 따라가지만 지금 여기까지 손가락질 없는 삶이었으면, 훗날도 지금처럼 아름다웠다 말할 수 있는 삶이었으면

낙엽은 떠돌다 사라지지만 흔적 없는 그 자리에 새싹이 돋으면
사람들은 말하리라, 흙이 비옥해서 무럭무럭 잘 큰다고
낙엽이 그 뿌리 아래 누워있다는 것을 아무도 알지도 못하고,
알려하지 않는다

그래도 낙엽은 스스로를 분해하여 좋은 거름이 되어야한다.
이전의 낙엽이 그랬듯, 다음에 올 낙엽이 그래야 하듯

나그네

겨울 숲을 걷는 지금 내 곁을 따르는 것은 바람과 함께 길 떠나는 낙엽과, 뚜벅뚜벅, 화음을 맞춰주는 내 발소리, 팔짱을 꼭 끼고 걷는 고독 하나와 간간이 들려오는 갈가마귀의 서러운 노래이다

어제의 일이 오늘의 일이고,
오늘 걷는 길이 내일로 이어지는 덧없는 삶의 길
세상 올 때 그랬듯 곁을 지켜주던 부모의 관심 뒤에는 언제나
혼자이지 않았던가

만남과 헤어짐 속에서 어렵게 형성된 가족이 해체되고 손을 꼭 잡고 따라오는 것은 싸늘한 냉기와 낙엽 밟으며 지났던 산짐승 발자국뿐, 북풍만 내달리는 삶의 숲엔 결국 아무도 남지 않았다

이 숲길에 나무는 넘어지지 않으려 서로 어깨를 기대고 낙엽은 떨어지는 체온을 지키려 서로 포개어 눕는데 뾰족 바위만 홀로 외롭지 않으려 툭툭 발을 걸어온다.

한데도 나는 가야한다 모두들 떠나선 돌아오지 않는 그 길을 향하여 돌아온다는 기약 없이 …….

소회所懷

일평생 고난의 길 걸으며
노후의 안정을 꾀해 왔건만
그득해야 할 곳간은 텅 비었다
얻은 것 없고
잃은 것만 수북한 여정을 향해
여태 뭐했느냐며
사람들은 손가락질하리라
그래도 뭐
지금 웃을 수 있는 이 여유와
주변엔 벗들이 있고
돌아볼 수 있는 소중한 추억들이 있으니
더 바랄 게 있겠는가
이만하면 나도 잘 살아왔지 싶다
잃어버린 사람들만 아니라면 말이다

그 가을의 책갈피

세월 어느 한 귀퉁이에
생의 단편을 가둬놓았을 책갈피들이
아우성으로 몰려다니는 가을

생이 고달픈 어느 누군가에겐 희망을
가슴이 비어버린 누군가에겐 따뜻한 웃음을
사랑이 고픈 누군가에겐 사랑의 달콤함을

수많은 글 중에 가슴속을 걸어왔던
잊지 못할 그 한마디 말씀을
소중히 품어 안았을 책갈피

생의 고달픔들이 쌓이고 쌓여
가지를 떠나온 은행잎,
그 가을의 책갈피는 여전히 사랑을 품고 있네.

사위에게 보내는 편지

사랑하는 사람이 떠난 자리 그 빈자리를 채우려는 사람의 심장은 난도질당해야 한다. 사랑을 가슴에 안는다는 것이나 그 안았던 사랑을 떠나보내는 건 참으로 힘이 든다

나는 혼자라서 청천에 바람이 될 수 있지만 갓난아이를 품에 안은 너는, 그 갓난아이가 채워버린 족쇄로 인해 자유를 잃었다 세파는 칼날보다 예리한데 너희의 앞날이 걱정이다

사람의 인연이라는 것이 이렇게 허무한 것이라며 마음의 위안을 얻으려 하지만
너희의 행복이 순식간에 사라지는 데야 어찌 태연할 수 있겠느냐 부디 무뎌지라는 말을 건넨다

세상에 태어나 어미젖 한 번 물어보지 못한 가엾은 민지,
제 이모가 찍어 보내준 영아원 사진을 보니 잘 있구나 싶어 반갑고, 한편은 가슴이 멘다.

제발 건강히 자라주길 바라고 바랄 수밖에 없다
부디 건강 챙겨라 너희 부녀를 위해 기도할게

봄인 줄 알았네

내 마음에
연둣빛 물들어 봄인 줄 알았다
빨갛게 꽃물이 들어 봄인 줄 알았다
가슴에 또 하나의 가슴이 들어와 봄인 줄 알았다

도심의 거리에 사람들은 넘치는데
봄이라 생각한 화단에 꽃들은 보이지 않고
내가 씨 뿌려 거두지도 않았는데 화초의 행방은
간데없고 가슴에 닿는 바람만 차갑다

햇살이 좋아서 봄이 왔다했는데
매화가 꽃을 피워 봄이 왔다했는데
활짝 웃어야할 꽃이 보이지 않으니
내겐 무늬만 봄인 것인가

지난겨울
수십 년 정성으로 가꿔온 꽃나무가 고사했다
사라진 나무를 다시는 못 본다 생각하니,
이 땅에 봄은 분명 왔건만
가슴에 부는 바람은 아직도 한겨울이다

봄 1

찬물에 손 담그니 시리지도 않고
새벽바람이 코끝에 입 맞춰도 싫지가 않다

발걸음이 가볍기만 한 것은
나를 감싼 외투가 한 겹 떨어져간 것일 테지
나는 분명 나인데 내 속에 또 다른 내가
자꾸만 밖으로 나오기 때문일 테지

웅크리며 싸매놓았던 껍질들을
벗겨내고 벗겨내어 무엇을 드러낼 수 있을까
얼마큼 드러내어 봄이 왔음을 내보일 수 있을까

생각도 겹겹, 겉치레도 겹겹
답답한 겹겹을 벗고 마음이 홀가분해졌을 때
내게도 봄은 왔다 말할 수 있을 테지

그런데, 그런데 말이다
내게도 봄이 오기는 할까?

비 오는 날

대지가 비에 젖고
나무가 비에 젖고
바람이 비에 젖고
가슴도 비에 젖네

비가 멎었네
대지와 나무가 마르고
바람도 가슴도 말랐네
언제 비 왔더냐 싶게 비가 멎었네

아내도 둘째딸도
온다는 기별 없이 내 곁에 머물더니
떠남도 애초에 없었던 것처럼 훌쩍 떠났네
오는 것도 가는 것도 순리를 따른다지만
참, 정 없네! 그 여인들

봄 2

그대 만나본 적 있나요 봄을,
나는 만나지 못했답니다
혹여 내가 보아왔던 것에서
봄이 있었는지 몰라 몇 가지 물어볼게요

따뜻한 햇살이 찾아와 봄인가요?
파릇한 새싹이 찾아와 봄인가요?
활짝 핀 꽃들이 찾아와 봄인가요?
종달이의 가벼워진 날갯짓이 봄인가요?
사람들의 가벼워진 옷차림이 봄인가요?
얼굴 가득 피어난 웃음들이 봄인가요?
휴게소마다 넘치는 관광버스 물결이 봄인가요?

내가 봄을 보았다고 말할 수 없듯이
당신도 봄은 만나지는 못했을 거예요
그런데도 우리는 말하죠. 봄이 왔다고
또는 봄을 만났다고. 알쏭달쏭하지요?
본 것도, 못 본 것도 같은 것이 봄이라서요.
누군가 말했다지요. 봄은 '보다'라는 말뜻이라고
딸의 무덤에도 봄이 와서 사위가 보고 있을까요
붉은 흙에 파란 새싹 찾아와 활짝 웃고 있을까요
내 가슴엔 아직도 꽁꽁 얼음이 녹지 않는데

왜 그럴까

따라갈 수 없는 세계로 아버지를 보내드리고
막막한 가슴으로 꺽꺽, 젊은 나이인데도
나이 많은 아버지라서, 그럴 수 있다 생각했다

귀하디귀한 딸을 저세상에 보내고
젊음이 아깝다며 꺽꺽, 애통해 하면서
가슴에 서둘러 묻고 억울해 할 줄만 알았다

아내를 보냈을 땐 막막한 어둠이 앞을 가렸다
보내야 하는데 보내서는 안 될 것 같아 따라가고픈 맘, 달래고
달래야 했으니 부부의 정이 혈연의 정보다 더 깊다는 것을 알았다

내게 아버지는 어떤 존재였으며 딸은 어떤 존재였을까 분명
핏줄로 나뉘어도 일촌인데
슬픔의 깊이는 촌수가 없는 아내가 더 깊었다

왜, 아내 주검에 절박함이 더했을까 의문이 든다
아내는 촌수를 제쳐둔 특별한 관계여서였을까
엊그제 딸 보내고, 나 살자고 시간의 힘을 빌린다
보내고 십수 년이 지난 아내도 잊지 못하면서

시평

명命을 운전하다

- 정광일 시인의 시를 읽고 -

이석락(시인,수필가)

부엉이 한 마리 나뭇가지에 앉아 있다
툭, 마지막 남은 낙엽이 어깨에 내려앉았다
툭툭, 낙엽을 털어내고
어둠 저편을 노려보는데
툭, 이번에는 별이 어깨에 내려앉았다
사냥감도 없는 숲에 별은 떨어져 어깨를 누르고
허기에 지친 커다란 눈을 더 반짝여 봐도
몰려오는 어둠 속에선 미래가 보이지 않는다

툭, 힘이 되어야할 별이 또 어깨에 내려앉았다
밤새워 떨어져나가는 것들에게 괴롭힘 당하고
부엉부엉, 부엉부엉
막상 자신에게서 무엇이 떨어져 가는지도 모른 채
텅 빈 가지에 앉아 밤새도록 울었다
깊어질 대로 깊어진 겨울 숲에 낙엽은 지고 없는데
부엉이 어깨 위엔 지금도
툭, 투~욱 별이 낙엽처럼 떨어진다

부엉이는 혼돈의 겨울을 맞이하고 있다
뼈만 남은 새끼는 이 겨울이 마지막이라는데
맘껏 먹지도 못하고 토해내는 일과를 지켜보며
오로지 믿을 거라곤 기적의 별뿐인데
별빛의 인도로 먹이를 찾는 것이었는데
매일 매달리던 기적이라는 별빛은
아무 쓸모없는 낙엽처럼 떨어져내려
이제는 그 존재 자체가 무의미하다

장작개비 같은 새끼를 눕혀놓고 하늘을 바라본다
무얼 믿어야 되느냐고!
기적이나 희망 따위는 있는 것이냐고!
세상에 오게 할 줄만 알았지
자신보다 먼저 새끼가 떠난다는데도
붙잡을 길 없는 부엉 애비
깜깜하게 깊어가는 겨울 숲에서
제 눈물로 목을 축이며
부엉부엉, 부엉부엉
부엉 애비 목쉰 소리만 공허의 밤하늘을 떠돈다.

- 정광일, 「부엉이의 겨울」 전문

소망

어둠 속에서 보았어!
가슴속을 하염없이 흐르는 까만 강줄기를

흘러가는 곳 알 순 없지만
머~언 강남 땅에 봄소식이 올 때쯤

까만 강줄기 위엔 수양버들개지 떠오고
물빛은 초록으로 환하게 빛나겠지

직접적이진 않지만 그때가 되면
가슴 부추기는
작은 설렘 하나쯤 내게도 안기지 않을까

나는 그렇게 믿어,
지금 암흑 속을 헤맬지라도
신작로 환한 꽃길을 조만간 걸을 것이라고

저것 봐!
어둠이 하양退壤 몰려오는데도
나무는 아랑곳 않고
하늘 향해 길을 내고 있잖아

- 정광일, 「소망」 전문

시 「부엉이의 겨울」에서 낙엽이 떨어지고 별이 떨어지고 어두운 밤을 부엉이가 겨울나무 가지에 앉아 견디고 있다. 밤별이 떨어지는 것을 가벼운 소품 정도로 쓰인 글에서는 평화로운 광경이지만 이 시에서는 낙엽, 밤, 겨울과 어울려 암담하고 절망적인 이미지를 더욱 두껍게 한다. 떨어지는 낙엽이나 겨울은 일반적인 은유로 종말을 원관념으로 하는 보조관념이지만 여기서의 별은 기적을 원관념으로 하므로 떨어지는 별은 신에게 의탁한 희망의 소멸이다. 몸은 살아 있지만 영혼은 두꺼운 절망을 내려다보며 사령死靈인 양 떠돌다가 시 '소망'에서 어둠을 새 세계, 새 생명의 이미지로, 겨울을 희망과 기다림의 이미지로 쓰고 있다. 시

'부엉이의 겨울'과 '소망'을 연결하면 신이 준 숙명을 시인은 제 운명으로 다스리려 한다. 운명運命이란 글자 그대로 명을 운전(움직이게 하는 것)하는 것이니까.

어떻게 사는 것이 잘 사는 것일까? 생과 사는 신이 만든 숙명이고 잘 사는 것은 숙명 안에 감춘 고통을 완화하려고 노력하는 것이다. 잘살고 명예가 있어도 어둠을 견디지 못하면 잘 사는 것이 아니고, 못살고 고통스러워도 어둠을 헤치려는 노력이 있으면 잘 사는 것이다. 시인은 고통과 어둠을 헤치려고 안간힘을 썼지만 한계에 이르러서는 담담히 받아들인다.

> 지금 웃을 수 있는 이 여유와
> 주변엔 벗들이 있고
> 돌아볼 수 있는 소중한 추억들이 있으니
> 더 바랄 게 있겠는가
>
> - 정광일, 「소회所懷」 부분

산다는 것은 한계를 극복할 수 없음을 알면서도 숙명에 도전하고 그 결과에 승복하는 것이다.

치유를 넘어서

- 정광일 시인의 시를 읽고 -

이용철(시인)

고통 없는 삶은 없다. 우리는 즐거운 놀이를 통해서 삶의 알맹이를 배울 수 있다. 하지만 즐거운 경험보다 고통스러운 경험에서 더 많이 배운다는 사실을 인정할 수밖에 없다. 우리의 고통은 그 누구의 잘못도 아니다. 나의 내면에 존재하는 고통과 불행을 받아들이기로 결심하면, 행복은 각자가 만들어내고, 주위 사람들의 행복에도 기여한다. 이것이 우리가 온 힘을 다해 저항하고 싶은 진실이다. 고통은 우리를 앞으로 나아가게 한다. 나의 고통, 슬픔, 절망에서 출발하여 나 자신을 변화시킬 수 있는 기회가 온다. 처음부터 무리한 시도보다는 해안에 부딪치는 파도에 몸을 맡겨라.

인간은 큰 고통이 닥치게 되면, 다음 몇 가지 단계를 거치면서 더욱 깊이 성숙한 사람으로 성장한다. 처음에는 거부하고 부정하는 것이다. 어떻게 나에게 이런 일이 생길 수 있지? 내가 뭘 그렇게 잘못했나? 다음 단계는 분노하고 절망한다. 분노로 잠을 이루지 못하고 가까운 가족과 친지에 대해 분노를 표출하고 절망감에 빠진다. 다음 단계는 수용하고 용서한다. 자신의 삶을 돌아보고 내 삶의 의미와 가치를 인정하고 내 역할의 한계를 인정한다.

그리고 자신과 세상을 용서한다. 그 과정에는 엄청난 고통과 마찰이 일어난다. 그렇게 함으로써 자신을 치유하게 된다. 결국 사랑이 충만한 평화로운 상태로 회복한다.

정광일 시인의 시 「비 오는 날」에서 '비'는 '눈물'이다. 떨어지는 물방울들은 가슴 속에 떨어지는 눈물이다. 사랑하는 딸을 잃은 시적 화자의 마음 상태를 진솔하게 드러낸다. '구름이 없는 데 비는 어디서 오는가'는 자식의 죽음을 애써 외면하고 부정하고 싶은 화자의 내면이다. 그래서 비가 오는 데도 빗물이 보이지 않는다. 그래서 '시름시름 내리는 비'가 아픔을 견디고 있는 화자의 힘든 속이다. 그래도 이 고통이 그칠 것이라 스스로 희망한다.

「꽃은 찔리는 만큼 아름답다」에서 '꽃'은 자식이며, 자식에 대한 아비의 사랑이다. 사랑은 반드시 시련을 동반한다. 모진 삼동 추위를 겪은 후에야 아름다운 꽃을 피우듯이, 처음부터 아름다운 것은 없다고 말한다. 뼈를 깎는 고통을 견딘 후, 진정한 사랑을 깨닫는 것이다. 고통과 아픔을 수용하고 깨닫는 것이다. 내면의 고통을 이겨내고 꽃으로 승화한 것이다. 부모보다 먼저 세상을 떠나는 악상惡喪을 당한 아버지의 마음이 꽃으로 피었다.

「밝게 웃었으면 해서」에서 아버지는 자식을 하늘에 묻는다. 어두운 땅속보다 밝은 하늘에 두고서 매일 고개를 들어 하늘을 볼 것이다. 어둠에서 밝은 세상을 보고 싶어 하는 화자의 의지가 반영되었다. 잃음을 수용하고 용서함으로써, 밝게 웃는 모습을 소망하고 있다. 이것은 스스로 내면을 치유하는 의식이다.

「손수건도 없는데」에서는 '소리 내어 울지 못하고', '속옷 가슴께로 눈물을 닦는'부정과 절망의 몸부림에서 '눈물은 제자리로 돌아가고', '공허한 산천'으로 화자는 죽음을 받아들인다. '바라보는 눈'에서 '다급한 가슴'으로 '안타까운 눈길'로 변화하며 사랑으로 포용한다. '다시 평화롭고 세상은 나를 반긴다', '그것이 인생이라고'에서 죽음의 고통을 용서하고 화해한다. 사랑으로 스스로 치유한다. 그래서 다시 마음의 평화를 얻는다. 자신을 있는 그대로 받아들인다.

인생은 움직이고, 흘러가고, 사라지고, 변해간다. 자신의 내면의 소리에 귀를 기울이고, 느끼는 것을 표현하고, 운동이나 명상, 산책, 노래, 그림, 요가와 같은 활동을 즐긴다면, 조화롭게 앞으로 나아갈 수 있다. 겸손한 자세로 고통이 전하는 내면의 울림에 귀를 기울이면, 삶을 변화시킬 수 있다.

시인은 내면에서 일어나는 일들을 시詩를 통해서 외부로 드러낸다. 자신의 감정을 탐험하고, 그 감정을 표현하고 이해하는 여정旅程에서 상처는 치유된다. 인생은 불규칙동사라는 진실을 깨닫는다. 그리고 우리는 더욱 깊은 사람으로 성장한다.

정광일 시집에 대한 짧은 소회

문영길(시인)

정광일 시인과는 15년 전 밀양 얼음골 사과밭에서 〈꽃씨뿌리는 마을〉이라는 문학 동인모임에서 중절모에 깊은 눈빛과 조금은 어색한 웃음을 자주 짓던 시인으로 인사를 나누며 인연이 시작되었다. 이제 막 시에 눈 뜬 내게 선배라는 거리감을 스스로 지우고 친분을 돈독히 하며 청옥문학협회에 가입을 권유하여 본격적인 문단에 발을 내딛게 한 길잡이가 되어주신 분이기도 하다.

15년간 문우로써 동행하며 느낀 생각은 변함없이 자신의 위치에서 묵묵히 생활 속에서 혹은 예리한 통찰 속에서 써 낸 시들이 그의 삶과 닮아있다는 것이다.

그만큼 자신을 시 속에 녹여냈기에 그의 시에서는 사람에 대한 그리움과 사랑에 대한 깊은 신뢰를 느낄 수 있다.

어린 딸을 남겨 두고 별이 되어 떠났던 아내에 대한 그리움을 빼곡하게 적었던 정광일 시인의 제 4시집 『찻잔에 찾아오는 별』은 홀로 남겨진 남자의 애환이 고스란히 담겨있어 독자의 가슴을 뭉클하게 하였는데 이번 제 8시집에 상재된 글에서도 망처에 대한 그리움을 통해 암과 투병하는 딸을 간병하는 시인의 고통이 눈에 띄어 그의 사랑이 얼마나 묵직하고 참된 것인지를 알 수가 있다.

척박한 삶에 찌들 대로 찌든 그 사람
붙잡을까 봐 떠난다는 말도 없었던 그 사람
깜박 잊고 있었어.
내게도 한 때 설렘이 있었지 그랬었지,
그 사람 떠나면서 설렘도 모두 가져갔었지

집에 가는 길 혜화역 화장실에서 거울을 만났지
슬픔이란 화장을 해서 너무 볼품없는 거야
예전에 쓰던 화장품을 너무 많이 발랐더라고
설렘 따위 버리기로 했어 슬픈 화장품도 같이
이젠 내가 싫더라고

- 정광일, 「슬픔이란 화장」 본문 중에서

신혼의 달콤함보다는 세상에 뿌리내리기 위한 힘겨운 몸짓을 서로에게 의지하다가 훌쩍 세상을 등진 아내에게서 느끼던 설렘을 그대로 간직하고 있는 순애보를 시로 승화시키는 작업은 요즘같이 흔들림 많은 세상에서 그가 갖는 허전함을 견뎌내는 유일한 위로일 것이다.

슬픔이란 화장을 통해 가면 속에 숨겨진 상실의 어두움을 가리려하지만 한편으론 그마저 지우고 나면 남겨질 공허는 시인에게 그리움의 원천을 메워버리는 또 다른 고통이기에 차라리 설렘을 버림으로 관조하는 외로움이 아닐까 싶다. 더욱이 둘째딸이 몹쓸 병마에 시한부 판정을 받고 엄마의 자리마저 내려놓은 상황에서 그를 지켜보는 아버지의 상실감은 어떠할까.

자기 부정 속에서 뭉클하게 만져지는 살아가야할 생에 대한 눈물겨운 몸부림이 밍근하게 읽혀져 잔잔하게 내면을 풀어내고 있는 그의 시 한 편을 더 소개해 본다.

새는 삶이 고스란히 담겨있는 숲을 떠나고
그의 노래 듣고 싶어 산을 오르던
사내의 가슴에 봄은 아득히 멀기만 하다

숲속 깊은 곳에서 성장을 거듭한 어둠이
야금야금 먹어치운 성대 때문인지
아님,
이파리 하나 없어 호흡이 힘들었던 나무가
새의 폐를 먹어버린 때문인지
그도 아니라면
새의 위장을 차갑게, 차갑게 얼려버린
바위틈의 얼음 때문인지
한 방울의 피마져도 메말라버린
새는 더 이상 노래하지 않는다

- 정광일, 「새가 울지 않는 숲」 본문 중에서

이제는 울지 않는 새, 늘 겨울처럼 시린 시인의 가슴에서 박제된 사랑의 대상인 딸의 묵언, 이젠 마냥 듣고 싶은 잔소리나 도란거림에 대한 갈구이기에 그의 사랑에 대한 전언은 빈 메아리로 기억 속에 떠돌며 차마 토하지 못하는 차디찬 울음이다.

부녀지간의 다정했던 시간들을 떠올리며 간절히 봄이라는 기적을 꿈꾸었을 시인의 애절한 기도이면서도 새처럼 자유로운 날갯짓으로 사후세계가 편안하기를 기원하는 아버지의 노래다.

정광일 시인의 시는 복잡한 수식이나 문장의 화려함이 없이 담담하게 그려내 솔직담백하다. 또한 사물을 들여다보는 시선은 본질을 관통하는 오랜 묵상의 관찰로 독자에게 여운의 울림을 준다.

이는 못난 것, 부족한 것들에 대한 애정과 이해에 기반을 둔 작가의 성품에서 기인한다.

표현의 기교로 에둘러 작가의 기량을 뽐내기보다는 그저 곁에서 고개를 끄덕여주는 넉넉한 인품에서 비롯된 정광일 시인만의 작법이다.

그러면서도 사회의 부조리에 대한 날카로운 비평은 그가 시인으로서 가져야하는 책무에 충실함을 대변한다.

두 번씩이나 견디기 힘든 일을 겪은 정광일 시인이 그 질곡의 삶 속에서 일구어 낸 담금질의 언어로 많은 독자들에게 "이 또한 생의 일부이며 또한 지나갈 것이다."라는 타전에 귀기울여본다.

문학으로 극복하는 아픔

최경식(청옥문학 발행인, 시인, 수필가)

정광일 시인의 시를 읽어보면 서정의 실체가 삶의 노래를 대변하고 있다. 표현할 수 없는 아픔이 들어 있는 뼈아픈 감정이 시로 의미를 형성하였다.

심청이도 아닌데

엄마가 있는데도
엄마젖 한 번 물어보지 못한 아이, 민지

어미는 자식 앞에서 젖을 삭여야만 했다
쓸모없이 부풀어가는 젖가슴을
주사와 약을 복용하며 잔인하게 주저 앉혔다
먹을 수 없는 젖을 제거하는
말도 안 되는 일이 눈앞에 펼쳐지고 있다

심청은 어미 없어 동냥젖을 먹고 자랐다는데
어미가 있는데도 동냥젖을 먹어야 하는 아이

다들 엄마 품에서 젖을 먹고 잠드는데
산후조리원에서 어미 없이 홀로 자라는 저 아이

도대체 무슨 죄란 말인가
오, 잔인한 하늘이여!

- 정광일, 「심청이도 아닌데」 전문

엄마가 있어도 아기에 젖을 주지 못하는 피치 못할 시련과 아픔, 이보다 더한 고통을 안고 있는 딸을 바라보는 아버지로서의 마음과 손녀를 바라보는 할아버지로서의 마음이 혼돈 그 자체이다.

손녀를 마주하는 안타까움과 고통과 사투를 벌리는 딸을 번갈아 바라보며 어떻게 할 수 없어 발만 구르는 부모의 마음을 보았다.

원망도 하소연도 통하지 않는 하늘을 바라보며 가슴앓이하는 시인의 마음이 핏빛이다.

무지개가 제빛을 뽑아
하나하나 길 위에 뿌리는 계절
망령든 고목이 옷을 벗어대는 마로니에공원,
벤치에 앉아 바라보니 가을도 늙어있네

바람이 바쁜 걸음으로 걸어오고
고목은 발가벗은 채 겨울 향해 걸어가고
어깨를 나누던 연인들도 손을 흔드는데
아~ 나는 손 흔들 사람도 없구나
반겨줄 이 없는 집은 싫다, 어디로 가야 할까

발길에 차이는 고목의 옷기지를 주섬주섬 챙겨
겨울을 향해가는 고목에게 돌려주고
바람에 떠밀려 혜화역에 들어섰네

열차는 어서 가자는데 내 발은 왜 이리 무거운가

가을은 겨울을 향해 가는데
나는 가을을 따라갈 수 없네
석양에 가을을 따라가면 어둠을 만날 것 같아서
무작정 따라나선 딸이 길 잃을까 두려워서
- 정광일, 「나는 가을을 따라 갈수 없네」 전문

엄청난 아픔을 담담히 글로써 표현하는 것은 문인만의 특권이라고 생각한다.

가을은 점점 깊어져 겨울의 초입인데 화려한 단풍을 눈앞에 두고도 즐기지 못하는 부모의 심정이 고스란히 드러난 작품이다 딸이 길 잃을까 두려워 단풍의 유혹을 떨쳐내야 하는 시인이 어떻게 가을을 따라갈 수가 있었을까.

고독하게 걸어가는 시인의 뒷모습은 아픔 그 자체이다.

힘들여 간병을 하지만 차도가 없이 날로 야위어가는 여식을 바라보며 고뇌하는 시인의 마음이 짠하게 느껴진다.

이 시를 읽고 나니 내 동생이 뇌출혈로 깨어나지 못하고 하늘나라로 간 아픔이 살아나 가슴이 더 뭉클하고 이 아픔의 충격이 지워지지 않는 작가의 마음을 읽을 수 있었다.

백공의 제 8시집
부엉이의 겨울

인쇄: 2019년 9월 20일
발행: 2019년 9월 30일

지은이: 정광일
펴낸이: 최경식
펴낸곳: 도서출판 청옥문학사
인쇄처: 세종문화사

출판등록 제10-11-05호
E-mail: sik620@hanmail.net
전화: 051-517-6068

값 10,000원

ISBN 978-89-97805-86-0 03810

이 도서의 국립중앙도서관 출판예정도서목록(cip)은 서지정보유통지원시스템 홈페이지(http://seoji.nl.go.kr)와 국가자료공동목록시스템(http://www.nl.go.kr/kolisnet)에서 이용하실 수 있습니다.(cip2019036907)